JN437830

그때는 그 말을 이해하지 못했다

그때는 그 말을 이해하지 못했다

채명석 시집

문학의전당

차례

1부

2부

3부

4부

5부

6부

7부

1부

알몸의 시간

구포 시장 끝자락
내장이 다 빠져나간
그을린 개들
칼잠을 자는 사내들처럼 모로 누워
서로 바람막이가 되고 있다

누런 개, 흰 개
껍데기 다 벗어버리고
시린 알몸,
이제야 내가 개였었다는 것을 깨달았다는 듯
고요 속 컹컹 짖고 있다
부릅뜬 눈, 번뜩이는 이빨!

누런 빛, 하얀 빛 이제는 기억에도 없는
생각의 겉옷을 벗어두고
맨몸으로 누웠다
밥그릇 핥고 핥았던 긴 혓바닥을 늘어뜨리고
비로소 더 이상
삶의 거죽을 핥지 않아도 되는 것을 안다

등이 시리다

1.
등뼈 어디쯤 헛간 하나가 있다

겨울이 되면 바람이 숭숭 드는 헛간 수백 장 연탄이 몸과 몸을 포개고 추위를 녹이는 뜯겨진 가마니 주위에는 되새김질하는 소의 입김이 왕겨처럼 쏟아져 나오는 천장에 매달린 시래기는 마른 흙 몇 조각을 붙들고 누렇게 바래가는 만삭의 누런 개가 짚을 깔고 누워 뜨거운 입김을 쑥쑥 뱉어내는 시린 생각들이 멍석처럼 둘둘 말려있는

혼자라고 느껴질 때면 헛간이 빈 것처럼 등이 시리다

2.
마른 잎들이
시간의 발자국처럼 바닥에 놓여있고
광대뼈에 걸린 고독처럼
TV는 혼자이고
오래된 등은
어둠을 어룽어룽 매달고 글썽이는

신발 끄는 소리로 바람이
창틀을 넘는
아무리 고개를 돌려봐도 보이지 않는
등의 빈 집
혼자라고 느껴지는 날에는
등이 시리다

자반고등어

지난 물결 문신처럼 촘촘히 새기고
한 줌의 소금을 가슴에 품고
가시로 수없이 제 몸을 찔렀을
석쇠 위, 너
삶이란
유영하면서도 결코 이런 것이 아니라는 것을
너는 이미 알았던 것이다
등을 짝 가르고
배인 짠물을 뱉어내며
석쇠 위, 당당히 불의 강을 건너
제 몸을 잘라
누군가의 허기를 채운 너

밥상 위, 흩어진 가시들
내 삶의 한 구석을 찌른다

택배

택배가 갈 거라는 전화를 받은 것이 어제였다
20kg 쌀 한 포대와 상자 하나
포대를 열자
김이 모락모락 나는 쌀밥 냄새가 집 안에 가득 퍼진다
쌀밥 한 그릇이 고봉으로 차려지고
고들빼기와 내가 제일 좋아하는 갓김치가 한 상이다
배가 부르다, 쌀뜨물처럼 울컥 입 안이 고인다
먹으면 먹을수록 허기가 진다
숨을 쉴 때마다 비릿한 젖내음이 번진다
사라진 줄 알았던 태생의 기억이 몸에 힘을 준다
살며시 눈을 감고 엄마의 젖을 문다
흙 같은 우리 엄마 연신 웃고 계신다

숲

불이 난 산에 가보라
막연하게 생각했던 것들이 명확해진다
불에 사라진 것들이
숲이었다
바람이 불면
서로가 있어 바람막이가 되었고
숲이라는 이름을 얻을 수 있었던,
서로가 서로에게
의미가 되었던
혼자는 나무였지만
서로는 숲이었던
불에 탄 산에 가보니
아직 숲이 뭔지도 모르는
어린 나무들이
바람에 세차게 흔들리고 있었다

나는 산을 내려와
사람의 숲 속으로 걸어갔다

틀니의 저녁

종일 생을 물어뜯었을 창가에 놓인 틀니
등 굽은 노인처럼 컵 속에 웅크려 있다
노인은 병상에 누워 어둠을 깨문 틀니처럼 조용하다
더 이상 이빨이 필요 없는 잇몸의 시간
잇몸 사이 숨죽인 적요가 이빨의 빈자리를 보듬고 있다
틀니는 허기진 어둠을 더 세게 깨문다
이빨을 꽉 깨물어도 허전해지는 생의 끝자락
틀니와 잇몸 같은 그런 사이를 생각한다
쑥 빠져나간 틀니처럼 이빨에서 풀린 저녁이 간다

자전거가 눕다

버스정류소 앞
먼지를 뒤집어 쓴 자전거
평생 늦추지 않았던 긴장을
허리에서 풀어 버리고
질펀하게 드러누웠다

지문이 지워진 바퀴
달리는 것만이 전부인 줄 알았던
저 외골수
펑크 난 세월 추스르며
바퀴 속으로 바람을 부른다

달리는 것밖에 몰랐던 내 아버지도
한 번쯤은 저렇게 드러누워
쉬고도 싶었으리라

염을 당한 사내처럼
자전거는 누워있다

2부

굽은 등에 생각을 얹다

소나무 굽은 등을 보며
한 여자를 생각한다
너무 자연스럽게 굽어버린 등
그래도 잎이 곧은
가시 같은 잎마저 거름이 된
여전히 향이 깊은
샛길을 걷다
등 굽은 엄마 생각을 한다

그늘에서 보다

전포동 사거리 앞,
좌판과 느티나무가 있다
바람이 지날 때마다
나뭇가지들 제 그림자를 내려놓고
나무는 침묵으로
낯설은 제 모습을 응시한다

홀로 어둠을 밀어내는 가로등 아래
좌판도 김씨도
관절염을 앓은 것처럼 내려앉아
연탄불에 몸을 녹이고 있다

어두워 갈수록
거리는 마음을 비워가고
한 줌의 희망처럼 솟아오른
좌판 위 홍시들
소쿠리 가득 쌓인 삶의 고임돌을 본다
좌판의 뭉툭한 모서리를 감싸주는
가로등 붉은빛 같은
홍시를 안고 가는 사람의

뒷모습이 따스하다

삶이 상처라고 가르치는 골목,
오늘따라 바람은 그칠 줄을 모르고
삐걱삐걱 좌판은
무릎 닳은 소리를 낸다

노숙

눈이 내리고 막차도 떠나고 의자도 혼자 남는다
집으로 들어간 비둘기는 평온하고 그럴수록 광장은 스산하다
어깨를 누르는 하얀 눈으로부터 도망 와 대합실 안에
들어서면 매표소 감긴 눈들과 마주하고 나는 서성인다
종착역에 버려진 차표처럼 더 이상 갈 곳이
없는 사람들은 수족관 안의 가자미처럼 뒤집어져 있다
너무도 처연하게 뒤집어져 풀린 눈을 껌벅이며
나를 향해 돌아눕자 훅 끼쳐 나오는 비린내
상한 생선 내장을 풀어놓은 것처럼 대합실은 질퍽하다
오지 않는 기차와 아침을 기다리며 나도 가자미가 된다

밤나무, 그늘 아래

가시를 왜 세웠을까
나는 단지 그늘에 들길 원했을 뿐인데
가시에 찔린 손등에 피가 난다
고개를 들어 보니
가시를 세운 밤송이들이
시위를 떠날 화살처럼 가지를 팽팽하게 당기고 있다
가지는 화살이 되어 가슴에 꽂힐 수 있다는 것을 알았던 것
일까
뜻 없이 뱉었던 말이
화살이 되어 가시처럼 박히듯이
밤송이는 내 손등을 찔렀다
살면서 나는 얼마나 가시를 세워
내 그늘에 든 사람을 찔렀을까

복지회관 앞, 오후

복지회관 앞, 플라타너스 아래 의자에는
사람 냄새가 환하다
햇살에 삶의 뒷면을 풀어놓는 낙엽과
제가 나무였음을 기억하는 의자와
의자가 나무였음을 믿는
노인이 있다
의자는 죽은 나무다
낙엽은 죽은 잎이다
노인은 죽을 사람이다
똑같은 명제는 죽는다는 것이다
살갗이 말라붙은 낙엽
옆으로 비스듬히 기울어진 의자
세월이 앞으로 굽은 노인

어쩌면 '죽는' 이라는 말은
오랜 시간의 상처일지 모른다
낙엽에도, 의자에도
굽은 노인의 등에도
상처를 어루만지는 햇살이 가득하다
오후의 숲, 길 위엔 바람도 없다

무덤 같은 나무의 그림자 속
서로의 상처에 등을 기댄
의자와 노인은 옅은 졸음에 겨워 있다

목욕

늦은 밤
비눗방울처럼 몸이 샤워기 쪽으로 휘어진다
지친 하루가 몸을 빠져 나오려나 보다
비눗방울이 부서지며
피부에서는 땀구멍마다 숨이 트이는 소리가 난다
부드러운 여인의 혀끝처럼
몸을 핥는 소멸 뒤의 편안함
눈을 감고 오랫동안 물속에 든다
아가야, 따뜻하지
등을 토닥이는 엄마의 목소리
명절이 되면 가마솥이 욕조가 되었다
가마솥에 쏟아진 나는
밥을 짓듯 쌀알처럼 익어갔다
아가야, 밥처럼 살거라
그때는 그 말을 이해하지 못했다
밥이 무엇인 줄 몰랐다
목욕을 하다가
밥을 씹는다, 비눗방울처럼 쌀알이 으깨진다
가마솥에서 엄마는
설익은 나를 뜸 들이셨던 것이다

맛있는 밥처럼 살라고
밥같이 살아야겠다는 생각이
혈관을 따라 물줄기처럼 번진다
몸 온 구석이 따뜻해 온다

밥

바-압하고 말해보라
톱니처럼 어금니가 꽉 물릴 것이다
어금니 사이로
'밥' 하고 말할 때마다 물이 고인다
고인 물은 밥알이 으깨져 나오는 것처럼 끈적하다
밥은, 아무도 모르게 그렇게 으깨져
허기진 배를 채워준다
'밥' 하고 말하는 순간, 입 안에 차려지는 소박한 밥상
어미가 아이에게 젖을 물리듯
먹고 먹어도 젖꼭지를 내미는, 그 한없는 모성애
'밥' 하고 말할 때마다 제 몸을 으깨는 밥알
소리 없이 자신을 으깨는 것
가슴에 눈물이 고이는 것은
수 없는 그리움이 밥알처럼 으깨지기 때문이다

3부

가지런한 신발

발자국 하나 없는 눈 쌓인 마당
허기진 배를 납작 붙인 개처럼
신 한 켤레가 빈 집을 지킨다
가지런한 풍경이다
뒤꿈치에 굳은살이 자리 잡는 동안
무게를 고스란히 짊어진 신발
몸을 엎드리고 엎드려
나를 세우기 위해
얼마나 힘겨웠을지
나는 차마 알지 못한다
가지런히 놓는다는 것은
신발에게 미안한 생각이 들기 때문이다
미안해할 줄 아는 사람이다

處暑

아직 가을이라 하기에는 이른 계절
화장터 굴뚝을 빠져 나가는 새 한 마리,
올해부터는
아버지 혼자서 處暑를 나시는군요

당산나무에 깃든 생각

행정이라는 동네어귀 정자 옆에는 커다란 나무가 한 그루 있었다 사내아이는 숨바꼭질로 하루해를 삼키며 나무 냄새에 흠뻑 젖었던 날엔 꿈을 꾸었다 달빛에 배부른 저녁의 별들은 따뜻해 보였다 따뜻한 풍경에 젖은 나는 별무리를 쫓다보면 나무에 오르듯 하늘을 올라가고 있었다 별은 언제나 아스라한 나무꼭대기 같았다 가까이 가다가다 꿈이 깨이면 난 맑은 눈 허수아비 같은 아이가 되었다 나뭇잎 비비는 소리가 가슴 가득했었다 나무는 참한 표정으로 내려다보고 있었다

사십의 골마루를 지나는 사내아이는 그 냄새를 잊어버렸다 그 기억 끝까지 달아나 있었다 가끔씩 꿈을 꾸면 매달렸던 따뜻한 풍경들 모두 낙엽져 나무는 앙상해져 있었다

대걸레에게서 듣다

무슨 생각을 하는 걸까
담벼락에 기대어
바람이 어깨를 건드려도 쓰러질 듯
가는 허리를 세우고
머리카락 길게 늘어뜨리고
고인 눈물을 뚝뚝

너의 생도 닦아
바람 좋은 햇살에 말려 보아라
고인 눈물이 뚝뚝

늘 내가 젖는 것은
누구의 생이나 닦아보면
밑바닥에는 슬픔이 고여 있기 때문이다

돌담길

세월을 성벽처럼 두르고
차츰 벽이 되어가는 여자
바람도 햇살도 이끼가 되었다
뼈마디를 핥는 찬바람을 놓아 보내며
숭-숭
노점 삼십 년
앉은뱅이로 굳은 무릎
그 여자도 그랬었지
삶이란 막아서는 것이 아니라
길을 따라 가는 거라고

동물의 왕국

소 떼가 걸음을 멈춘다
악어가 노니는 강물을 보고 또 본다
그 시간은 길지 않다
주저할 것도 같은데
수천 마리가 강으로 강으로 뛰어든다
나는 언제 저토록
강을 건너본 적 있는가
죽음을 넘는 믿음을 맛 본 적이 있는가
소는 땅을 박차며
악어를 향해 몸을 던지며
지난 시절 풀밭을 떠올렸을 것이다
악어의 이빨보다 더 지독한
소를 살찌운 풀냄새
나도 강으로 뛰어든다
몸에 밴 지난 사랑으로
소에게 가장 힘든 것도
행복한 것도 강으로 뛰어든 시간이다

드라이플라워

그에게 죽음이란 뿌리에서 잎 끝까지 역동적으로 삶에 항거하던 욕망이 사라진 것이며 생에 순응했던 얼굴의 가식이 벗겨진 것이며 번식을 위한 본능의 성욕을 버린 것이며 명함에 새겨진 직위 같은 열매를 포기한 것이며 오로지 그저 다시 꽃으로 피는 일이다

그는 꽃으로 죽어 꽃으로 산다 분명 그는 누군가를 기다리는 것이다 그 일이 짧지 않다는 것을 안다 그래도 누군가의 꽃이 되어 기다리겠다는 것이다 오지 않는 사람을 기다려 본 이는 알 것이다 시간은 먼지의 두께로 쌓이고 하염없이 기다리겠다는 것이다

4부

밤, 몰운대에서

하루의 끝자락을 바라보고 싶다면
마음에 의자 하나를 놓고 그곳에 가보라
물컹물컹한 어둠에 입을 맞추고
사랑하듯 오랫동안 숨을 멈춰보라
켜켜이 쌓인 모랫뻘 울음과
질긴 목숨의 흔적 같은 뻘구멍
눈 멀고 귀 먹고 입조차 문드러진 폐선처럼
울음바다에 몸을 띄워 노를 저어보라
등대처럼 슬픔은 길을 인도할 것이다
햇살이 어둠을 거둘 때까지
밀물처럼 찾아든 고요 속에서
먼 바다를 바라보는 빈 벤치에 앉아보라

마음의 살갗을 만지다

'데다' 라는 말은 살이 상한다는 말이다
누구나 한 번쯤은 데어봤을 것이다
모르고 지나는 경우도 있고
흉이 옹이처럼 남는 경우도 있다
사람들은 제가 불이 되고
툭 던지는 말에도 데일 수 있다는 것을 모른다
연약하고 살이 쉬 돋지 않는
마음의 살갗
밖이 시끄러워 내다보니
누구의 잘못인지 모르지만
시내버스와 택시 기사가 삿대질을 하며
끝내 뒤엉켜 싸우고 있다
벗겨진 살갗에 진물처럼 번지는 분노
상처가 아물 때까지
가슴에 남을 아픈, 핏빛 풍경
아침부터 시린 마음의 살갗을 만진다

문득, 편지를 쓰다

잎 진 은행나무 아래
혼자 서 있는 빨간 우체통
잎은 바닥에 누워 바스락거리고
바람이 뒤엉켜 또 다른 잎이 떨어진다
만남은 이별에서 시작되듯
앙상함이 또 다른 시작이다
상처가 없는 만남은 없다고
만남과 이별의 경계를
완벽하게 분리하기 좋은 지점에서 흔들리는 잎들
나무가 잎을 놓아 바람에 실려 보내는 순간
혹독한 겨울은 시작된다

나뭇잎 같은 사랑이여!
잎이 지는 것처럼
두렵고 힘들어도 나무가 그러하듯
그 자리 그대로 서서
잎 진 자리만 바라보리라
나뭇잎 같은 사랑이여!
말뚝처럼 박혀 보다
그대에게 문득 긴 편지를 쓰고 싶어진다

오늘이라는 우표를 붙여

등대

무릎에 턱 괴고 웅크린 채
그대 생각에 잠긴다

그대 보이시나요
당신의 바다에 잠긴 채
무릎 섬 위
깜박이는 등대가

등대는 평생
한 곳만 바라본다지요

버려진 축구공

빵빵했던 생이 구르기를 멈추고
늙어있다
부질없이 차여도
한 번도 각을 세운 적 없는
둥근 세월,
주름 깊은 노인처럼 앉아
아이들을 물끄러미 쳐다본다
생이 둥근 거냐며
푹 패인 상처를
찬 바람이 어루만지며 지나간다

변기에 앉아

평퍼짐한 둔부 아래
오늘도 한 무더기 쑥 낳아놓았다
똥이라며
내 것이 아니라고,
부정한 한 무더기
물에 뜬 샛노란 씨앗
씨앗이 구르고, 부서지며
밴 냄새였구나
똥이란
어제 먹은 참외가 삭은 것이 아니라
두엄 같은 내 몸속
생각들이 쏟아져 나온 것이었구나

침대

숙명처럼 너에게로 간다

너의 몸속에 나를 집어넣는다 몸은 굶주린 성욕처럼 출렁거리고 너의 몸을 더듬는 이 관능 부푼 몸속에 욕망은 뱀처럼 꿈틀거린다 욕망은 커질수록 더 흔들거리고 이내 사정을 끝낸 연인처럼 고요에 빠진다 나는 폐광의 막장 같은 어둠에 든다 너는 돌을 던져도 바닥이 닿지 않는 우물이다 나는 돌처럼 너의 방을 뒤척이며 상처를 풀어놓는다 너는 밤새 나의 상처를 보듬고 삐걱거린다 자궁을 닮은 네 몸에 코를 박고 숨을 고른다 느껴지는 비릿한 젖냄새, 푹 꺼진 너의 아픈 자리에 몸을 웅크린 채 자장가 같은 내 어미 소리를 듣는다

5부

비상구

늦은 저녁, 아직도 근무 중
계단에 털썩 마주앉아
非常을 위해
꺾인 채로 굳은 관절을 본다
한 번도 다리를 펴본 적이 없는 사내여
너는 달리는 동안
연골이 닳아가듯 생각이 부스러지는
견딜 수 없는 순간
그대로 서 있고 싶은 적 없었느냐
달리면 달릴수록
바닥이라는 생각
적막을 껴입고
누구도 들어서지 않는 외로움의 지대를 지나는
어둠이 관절을 핥을수록
또렷해지는 非常
그대로 달리는 것을 멈추지 못하는 것은
혹 飛翔을 꿈꾸는 건가
사내여!
나는 아직도 근무 중

사과 상여

방바닥 사과 한 조각 꽃처럼 개미 장식을 한 상여가 되어 간다 개미로 장식된 상여를 개미가 상여꾼이 되어 끌고 간다 저 상여는 어떤 업을 쌓았기에 이 많은 상여꾼들이 모였을까 얼마 전 밀양에 가서 상여를 보았다 소리꾼의 상여소리를 따라가는 경운기 상여였다 상여를 메고 가는 소리가 텅텅 곡소리를 대신하며 상여꾼이 되어 산으로 올라갔다 죽은 이를 기억하며 보내주는 마지막 여행 산 자의 몫을 경운기가 대신했다 수많은 개미들은 사과 상여를 메고 걸음을 옮길 때마다 무엇을 기억했을까 주린 배를 채워주었던 젖줄을 기억했을까 그때 나는 되돌아가는 일도 쉽지가 않구나 그런 생각을 했다 상여꾼 개미를 쳐다보는 내내 경운기 상여소리가 텅텅 내 슬픈 모서리를 두드렸다

사흘

사흘은
한 사람을 그리워하며 목 놓아 울기에 충분한 시간이고
파노라마 같은 생을 천천히 다시 보기에 짧지 않은 시간이고
탁본처럼 가슴에 새겨진 얼굴을 지우기에 적당한 시간이다
수많은 사흘이 빵 부스러기처럼
바닥에 흩어져 사라졌다
장례식장 광고를 보다 사흘을 생각한다
만약 이 순간 내가 생을 마감한다면
가족들은 '3일장' 이라고 적힌 부고를 초대장처럼 돌릴 것이다
손님들은 없는 주인을 생각하며
푹 삶아진 수육에 내 생을 양념처럼 얹어서
우적우적 목구멍으로 밀어 넣을 것이다
목구멍을 넘지 못한 생에 대한 미련들은
쓴 소주 한 잔에 깨끗이 씻겨 갈 것이다
사흘, 짧지도 지겹지도 않은 시간
그 사흘 동안 먼지처럼 나는 사라질 것이다

빵 한 조각을 바닥에 던져놓고
개 한 마리가 낼름 한 생을 먹어치우는 것을 지켜본다

선짓국 생각

죽음의 형체를 보고 싶다면
잔칫날, 북적북적한 시골 우물가에 가보라
팔다리가 묶인 짐승이
목에 칼이 꽂혀
사지를 비틀고 가쁜 숨을 몰아쉬며
온몸으로 죽음을 보여줄 것이다
외마디 비명을 끝으로
바가지 가득 고인
따뜻한 죽음을 확인할 수 있을 것이다

언제부턴가
선짓국을 먹고 싶다
국물을 들이키며
아– 시원하다 이런 말도 한다
점점 죽음과 친숙해져 간다는 생각을 한다
선지란
짐승이 울컥 울컥 뱉어내는
죽음이다

소화기는 불을 기다린다

참을 수 있다
그늘진 곳이라도
웅크리고 앉아 기다릴 것이다
숙명처럼
나를 존재하게 하는 너
네가 없었다면
이미 나는 버려졌을 것이다
나는 믿는다
언젠가 너도
어찌할 수 없는 날이 올 것이다
그날이 오면
고인 눈물을, 너의 가슴에 쏟아내며
죽으리라
기꺼이 기뻐하리라

월급날

소주 한 잔을 하다
마당에 나와 담배를 문다

입구에 개 한 마리
두발을 쳐들고 긁어대며 컹컹거린다
팽팽하다
목에 줄 하나 걸었을 뿐인데

완벽한 매듭
목줄과 넥타이
오늘 컹컹거리며 나도 허공을 긁었다
저도 모르고 갇혀버린
완전한 감옥

허공을 긁다
빈 밥그릇 핥고 핥으며
생의 짠 맛을 본다

立冬

꽃 지고, 열매 익던
생의 얼룩을 내려놓고
가난해진 가로수
눈이 내리고
가난한 몸 가지마다
소복이 쌓인 눈
지독한 가난, 이 시절 지나고 나면
마음 시린 자리마다
잎이 돋겠지

6부

전단지

여기에 마지막 희망이 있을지도 모른다
『급매』, 『경매직전』, 『부도』, 『폐업』, 『세일』
사연마다 나직한 비명
겨울비에 젖는다
몸이 젖을수록
전단지는 전봇대를 부여잡는다
날아가지도 못하고
떨어지지도 못하고
바람이 흔들고 지날 때마다
누군가 볼 것이다
여기에 마지막 희망이 있을지도 모른다
너를 이곳에 붙여두고 간
그 눈빛
그 마음
너는 생각하고 있었구나

제삿날

일 년에 한 번
아버지는
제 집으로 오시지요

그날,
하늘에는 눈물 가득히 고인
보름달이 박혀있지요

너같이 살아야겠지

종일 내리는 비를 맞으며
길가에 서 있는 너
'주차금지구역'
창가에 서서 너를 쳐다본다
늘 지쳐 쓰러지는 일 없는
'즉시 견인조치'
냉철하게 판단하고 행동하는 너
날 때부터 너는
'주차금지구역'
세상은 너같이 사는 거겠지
작은 틈이라도 허락한다면
어느새 누군가 차지해 버리겠지
나를 몰아붙여
너같이 살아야겠지

철길에서의 독백

나는 달리는 기차다
정확히 죽음이라는 종점까지 달려야 하는 기차다
결국 그것이 나의 운명이지만
운명을 거스르는 길 위에 서 있는 역
역이란 무엇일까, 징검다리 같은 것
사춘기, 삼십, 사랑, 이별
많은 역들이 빗살처럼 지나갔다
지나서 보니 길은 철로처럼 또렷하다
종점을 알리는 안내방송처럼 삐걱이는 몸
이미 종점에 든 친구도 있다
아직은 달려야 하겠지요
가끔은 따뜻한 간이역에 들고 싶다
한 걸음도 없어도 좋은 꽃처럼

칠암 포구에서

방파제 끝에서 빈 배들 사이로
바다를 향해 몸을 던진
물고기를 보았다

벗겨진 비늘과 한 쪽만 남은 눈
살아온 내력이 다 쓸려간 몸을 한참 쳐다보다
칼날이 아가미를 헤집고 들어가
살을 저미었던 횟감을 생각했다

죽음의 순간까지도
사람의 싱싱한 삶을 위하여
빠끔거리며 두 눈 부라리고 아가미를 벌린
접시 위의 물고기를

파도가 묵묵히 방파제의 등을 내리칠 때마다
분노와 용서는
서로 그림자를 바꾸며 지나갔다

나는 웅크리고 앉아
어린 자식과 세월만큼 다가온 아내와

길 위의 일상을 보았다
사는 것도 만조에 든 포구처럼
빠져나갈 것만 같아
방파제에 몸을 눕혔다

포구는 침묵하며
내 삶의 한 모서리를 두드리듯 철석거렸고
나는 돌아갈 곳 없는 빈 배처럼
흔들거렸다

버려진 트렁크

버려진 트렁크에는 입이 없다
입이 사라진 상자는 쏟아지는 햇살을 담기도 버겁다
바람이 상자 안으로 들자
입을 잘게 움직인다
유일한 생인 양 꽉 다물었던 이빨을 번쩍이며

저 지독한 입의 집착
먹이를 문 악어의 이빨처럼
동물원 공터의 늙은 사자처럼 닳은 이로 포효하는
질기고 질긴 저 입의 집착

집착 같던 이빨은 하나씩 빠져 나갔다
버려진 트렁크처럼 노인은
방바닥에 누운 채
구겨진 신문지처럼 바스락거렸다

방금 전 고기쌈 가득 물고 오물거렸던 것을 생각하면
중풍으로 쓰러진 아버지
하나씩 빠져가던 이빨을 생각하면
목이 메인다

아버지가 던져버린 너부러진 밥상을 생각하면

텃밭에서

상추가 풍성하다
꽃대를 따라 늘어진 잎들이 풍성하다
하나같이 봉오리를 보고 있다
봉오리에서 멀어질수록 잎이 넓다
싹이 돋아 꽃대를 밀어 올리기 시작했으니
꽃대를 키운 것은 잎이다
바닥에 닿은 잎을 따며 이런 생각을 한다
꽃과 잎과의 거리
참 가깝고도 멀다
잎 처음 그 떨림으로 다가설수록
그럴수록 멀어지는 꽃봉오리
내 그대를 그리는 일이
처음 돋은 잎 같다
꽃봉오리에 앉은 나비 날갯짓마저
아픈 오후

7부

퇴근길

좌판 위, 생선 한 마리
이제 보니 떨이다
비늘은 벗겨져 푸석 날리고
파리 한 마리 앉아다 간다
하루를 건너기 위해
종일 좌판 위를 헤엄쳤을
저 풀죽은 지느러미

나는 흐물흐물 집으로 간다

느티나무 아랫집

다 떠나고 난 후
사람의 기억들을 털어내기 시작했다
낡은 대문을 풀 아래 눕혀 빗물에 젖게 하고
빗장을 풀어 온기를 뱉어냈다
허물어도 쌓이는 침묵의 시간
먼지가 두터운 툇마루
마루에 앉아 보니
시간의 두께만큼 나를 껴안는다
오지 않는 사람을 기다려 본 이는 알 것이다
아직도 그리는 것이다
떠난 이에게는 쉽게 잊혀지는 것들도
남는 자에게는
물고 물고 뜯어야 할 기억이 된다

햇배

피아골을 가다 보면
길가에 '햇배 팝니다' 라는 입간판이 줄지어 서 있다
'햇' 하나가 붙었을 뿐인데
나뭇가지 주렁주렁
두근거림으로
매달린 봉지가 불룩하다
햇감자/햇과일/햇병아리/햇비둘기
'햇' 하고 붙여보니
모든 것이 새롭다
하지만 '햇' 과 '사람' 을 붙여보니
설명할 수 없는 것이 있다
'햇' 도 '사람' 도
오래오래 묵혀두었다 꺼낸 것 같다
'햇' 을 삭게 한 '사람'
'사람' 하고 중얼거리다 보니
'사' 와 '람' 사이
아주 오래된 얼룩이 있다
닦아도 닦아도 잘 지워지지 않을 것 같은
나를 잠들게 했던
우리 할머니 말라붙은 젖가슴

까만 얼룩, 싫지 않은 냄새
칠월 한낮
'햇' 하나를 가지고 놀다 피아골에 든다

헐거워진 문

이층 출입문, 몇 번을 고쳐도 헐거워서 사람이 들 때마다 소리가 난다 처음에는 그 소리가 같은 줄만 알았다 문득, 이름처럼 그 소리가 다름을 느낀다 문이 흔들거릴 때마다 소리의 중심에 들어 소리가 전하는 말을 듣는다 소리를 잎맥처럼 낱낱이 들여다보면 서로 다른 잎맥의 굵기 같다 노인은 바람 없이 바스락거리는 마른 잎처럼 흔들림이 적고 젊은이는 주체할 수 없는 성욕처럼 크게 흔들거린다 사람이 드는 한 문은 끊임없이 흔들거리고 소리는 끊임없이 생산된다 사람이 자취를 남기지 않는 것 같지만 지난 뒤 돌아보면 문이 흔들거리는 것처럼 남는다 헐거워진 문의 흔들거림 속에서 그 사람이 보인다

휴지통

그는 굶주린 짐승이다
그의 일과는 굶주린 배를 채우는 일이다
채우고 채우다 하루는 가고
밤새 그는 깨끗이 비워지고
아침이 되면 같은 짐승이다

종일 웅크리고 나를 쳐다본다
점점 닮아간단다

붉어진 낯빛

등 굽은 할머니
무릎에 껌 한 통을 놓고 간다
천 원을 주고 껌을 산다
굽은 허리를 더 굽히고 가는
앵벌이

하루에 얼마나 벌까
스치는 생각
'저 할매 900원이나 벌었네'
빠르고 정확한
자본에 길들여진 생각

지하철 덜컹거리는
내내, 혹 누가 보지는 않았을까
붉어진 내 마음

사과처럼

과도가 지날 때 순간 껍질은 속을 버리고, 속은 껍질을 벗어 독립을 한다 칼날이 처음 속과 겉을 가르기 시작했을 때만 해도 속은 감겨진 실타래처럼 풀려나가는 껍질을 보며 자유를 생각했을 수도 있었을 것이다 한 번쯤은 서로 떨어져 바라보고 예리한 칼날로 경계를 지어보고도 싶었을 것이다 남루한 이별처럼 칼날에 눈물방울들이 시리게 부서지기도 하지만 감추어 둔 자신을 바라본다는 것이 어디 쉬운 일인가 겉과 속을 얼마간 그대로 놓아두고 보면 껍질은 조금씩 오그라들며 속의 실체를 알게 되고 속은 드러난 상처에 얇은 막을 덧대며 껍질의 의미를 느끼게 된다 부딪혀 살다보면 멍이 든 껍질처럼 겉과 속의 구분이 모호할 때도 있고 누군가 이유 없이 미워지는 날 한없이 눈물이 흘러내리는 때도 있다 그럴 때면 이게 내 껍질인지 속인지 알 수가 없다 만약 내 생에도 껍질이 있나면 사과처럼 벗겨 보고 싶다 실타래처럼 엉키지 않게 풀어 어떤 향기가 나는지 맡아보고 싶다 속을 사과처럼 한입씩 물어 숨겨진 씨방은 잘 여물었는지 확인도 해보고 싶다

문학의전당 · 신작시집
그때는 그 말을 이해하지 못했다

초판인쇄 2010년 8월 3일
초판발행 2010년 8월 8일

지 은 이 채명석
펴 낸 이 김충규
펴 낸 곳 문학의전당
출판등록 제387-2003-00048호(2003년 9월 8일)

주　　소 121-718 서울특별시 마포구 공덕2동 404번지 풍림VIP빌딩 202호
전화번호 02-852-1977
팩시밀리 02-852-1978
블 로 그 http://blog.naver.com/mhjd2003
전자우편 mhjd2003@naver.com

ISBN 978-89-93481-61-7 03810